AF250461

UN AMI

DE

SA PATRIE,

AU

PEUPLE FRANÇAIS.

Par Louis DECALUWE, du Département de la Lys.

Dédié à M. FABRE (de l'Aude), Président du Tribunat.

A PARIS,

De l'Imprimerie de PORTHMANN, rue
Neuve des Petits-Champs, n°. 36.

1806.

MANUEL

DE

LITTÉRATURE

FRANÇAISE

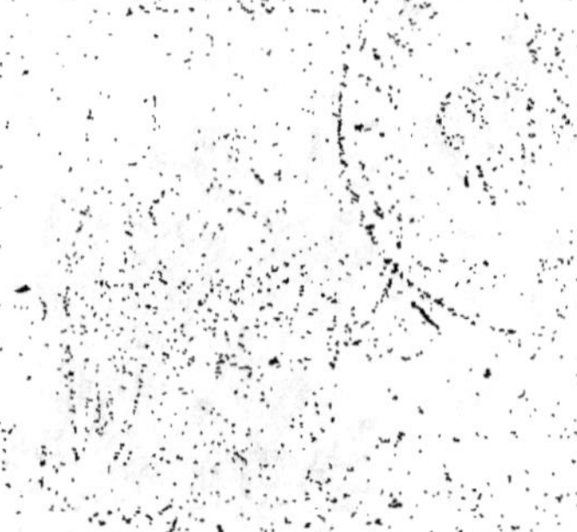

A PARIS,

1866.

UN AMI

DE

SA PATRIE,

AU

PEUPLE FRANÇAIS.

Qu'il soit permis à un citoyen ami de sa patrie et de la vérité, de vous offrir le tableau historique de tout ce que Bonaparte, aujourd'hui votre empereur, a fait pour votre gloire et pour votre bonheur. Fixez votre attention et vos regards sur cette analyse simple mais fidèle, des exploits guerriers et des travaux politiques de ce héros législateur, qui vous a délivré des maux de l'anarchie, des fureurs révolutionnaires, et qui vous a placé au rang de premier peuple de l'univers: vous lui devez votre grandeur et votre puissance; tant de bienfaits méritent le tribut de votre amour, l'hommage de votre vénération et de votre reconnaissance,

Le Ciel qui destinait BONAPARTE à opérer de grands prodiges, le plaça, dès sa plus tendre enfance, dans une école militaire, où se formaient les guerriers et les hommes d'Etat : son désir de s'instruire devint une véritable passion. Il se livra avec une ardeur infatigable à l'étude des mathématiques ; cette science prépara son esprit à ces combinaisons justes et rapides, qui forment le grand homme. BONAPARTE ne se borna point aux connaissances mathématiques ; l'histoire des peuples anciens, la théorie de leurs constitutions, les principes du contrat social, la science de la législation, l'art de la politique, furent les objets de ses méditations et de ses travaux. En lisant la vie publique des héros et des sages de la Grèce et de Rome, son ame s'agrandissait ; son imagination ardente s'enflammait dans les combats ; il suivait les guerriers dans leurs conquêtes, et il s'instruisait dans les ouvrages des philosophes.

Le Directoire appela BONAPARTE dans ses conseils, et lui confia les opérations les plus importantes et les plus difficiles. Il exécuta tout avec cette adresse, avec cette habileté que donne le génie, avec cette intrépidité qu'inspire la valeur, et avec cette obéissance qu'exigent la conscience et l'autorité des lois.

Bonaparte est nommé commandant en chef de l'armée d'Italie; il part: les Autrichiens sont battus, et les Impériaux sont séparés des Piémontais. Bonaparte s'empare de plusieurs villes, porte l'effroi dans la cour de Turin, force le roi de Sardaigne à lui laisser les places du Tanaro, et à lui ouvrir le passage du Pô, chasse les Autrichiens de l'Adda, emporte le pont de Lodi défendu par une artillerie formidable, s'empare du duché de Milan, de Pavie et de plusieurs places non moins importantes; des villes fortes tombent au pouvoir du vainqueur; il attaque l'armée de Wurmser avec la rapidité de la foudre, passe le pont d'Arcole, taille en pièces une armée de quarante-cinq mille hommes, force Mantoue à capituler, et achève la conquête de l'Italie. L'empereur d'Autriche, chancelant sur son trône, demande une suspension d'armes qui lui est accordée.

Bonaparte fut grand et magnanime après ses conquêtes; il ne souilla point ses victoires par des actes de cruauté. Sur le théâtre même de la mort et au milieu des cris lugubres des mourans, ce guerrier fit entendre le cri de l'humanité, et versa des larmes sur les crimes et les malheurs de la guerre. Il fut généreux et clément envers les prisonniers ; il respecta le courage et la vieillesse du feld-maréchal Wurmser ; il sut s'arrêter au milieu de ses victoires, et donna la paix à des ennemis faibles et vaincus. Il sauva le chef de l'Eglise catholique, gémit sur les infortunes de ce pontife vénérable, arracha Rome aux fureurs de la dévastation, conserva les édifices et les monumens qui décoraient cette ancienne maîtresse du monde, et dédaigna les vains honneurs de l'entrée triomphale du Capitole. Des princes vaincus, témoins de la magnanimité du conquérant de l'Italie, recherchèrent son estime et briguèrent son alliance. Les rois de Naples et de Sardaigne implorèrent sa puissance pour écarter de leurs Etats ce ferment révolutionnaire qui menaçait leurs trônes ; l'infant de Parme se mit sous sa protection.

Bonaparte s'occupa du bonheur des peuples vaincus : il affranchit l'Italie, en la conquérant ; il lui donna des lois tutélaires ; il brisa le joug de la tyrannie qui s'appesantissait sur les habitans infortunés de ces belles contrées ; il les réintégra

dans leur souveraineté , affermit et ga-
rantit leurs droits , et devint bientôt leur
législateur. BONAPARTE , au milieu
de sa gloire et de ses travaux , offrit à
l'empereur d'Autriche , l'olivier de la paix.
Le traité de Campo - Formio augmenta
les possessions territoriales de la France, et
donna à l'Europe le spectacle de la gloire et
de la force de cette République. Jamais Louis
XIV , dans la plénitude de sa puissance,
n'obtint de ses ennemis vaincus , une paix
aussi glorieuse.

BONAPARTE, après le traité de Campo-Formio, revint à Paris où il fut reçu aux acclama-
tions de l'allégresse publique ; le Gouvernement le nomma ministre plénipotentiaire au
congrès de Rastadt, où l'on préparait cette
étincelle électrique qui devait allumer un nouvel incendie , et dont la commotion devait se
faire sentir au même instant, du pôle à l'équa-
teur, du Nil à la Neva, et du Guadalquivir
au Volga. BONAPARTE souleva le voile qui cou-
vrait les projets des puissances rassemblées.
Il en suivit les progrès et en devina les résultats. Il opposa à ce machiavélisme la loyauté
d'une ame fière et généreuse ; son art de né-
gocier était celui de présenter la justice envi-

ronnée de ses attributs, et la raison armée
de toute sa force; il développa cette sagesse et
cette fermeté qui annoncent les lumières de
l'esprit et la vigueur de l'ame ; il fit respecter
la dignité du peuple français, en déclarant
qu'aucun ministre ne pouvait et ne devait
traiter avec le comte de Fersen, cet ennemi
superbe de la France. L'ambassadeur suédois,
confus et humilié quitta le congrès et alla ensevelir dans Stockholm, sa honte et son dépit.
BONAPARTE, fatigué de la farce politique qui se
jouait à Rastadt, et ne voulant plus être té-
moin de toutes ces jongleries diplomatiques,
dont le congrès était le théâtre, partit pour
Paris.

Les hautes destinées de BONAPARTE l'appe-
laient à conquérir l'Egypte, et à renouveler
sur les bords du Nil , les grandes actions
d'Alexandre; il vit que cette conquête assure-
rait à la France la domination de la Méditerranée, deviendrait l'entrepôt du commerce
de l'Inde, réunirait les commerçans de l'Orient
aux navigateurs de l'Occident, et ouvrirait de
nouvelles sources de gloire et de prospérités.
En pensant à cette conquête, l'ame de BONA-
PARTE s'enflamme, et son génie s'agrandit;
cette pensée réveille d'intéressans souvenirs,

et fait naître de grandes espérances. Alexandre avait formé le projet d'établir le siége de son empire en Egypte, et d'en faire le centre du commerce de l'univers. BONAPARTE projette déjà de rendre à cette région africaine son ancienne splendeur, et d'ouvrir les canaux qui jadis fertilisaient ces belles contrées ; il voulait que toutes les nations maritimes et commerçantes se rendissent dans les ports d'Egypte, pour acheter les productions des Indes, et qu'Alexandrie devînt le marché général des productions asiatiques. Il voulait, en maintenant la souveraineté de la Turquie et les tributs qu'elle lève dans ces contrées, venger un peuple opprimé depuis si long-tems ; il voulait lui donner des lois, le rappeler à la civilisation et à la liberté, ressusciter, pour ainsi dire, le génie des anciens Egyptiens, rallumer le flambeau des sciences et des arts, élever des portiques et des temples, et appeler dans cette terre autrefois si fortunée, ces sages et ces philosophes qui ont instruit et consolé les siècles et les générations.

BONAPARTE part pour l'Afrique ; il s'empare de Malte, boulevard de la Méditerranée, et fait la conquête, de l'Egypte. L'Egypte nous a été enlevée ; mais elle attestera à la postérité la plus reculée la valeur et le génie de votre Empereur , et le placera au rang des bienfaiteurs de l'humanité. Il a soumis les Mamelucks, dompté les Arabes, vaincu les Turcs. Il a puni ces beys qui appesantissaient une verge de fer sur des peuples malheureux ; il a enlevé sur les rochers de Canope, les enseignes du Croissant ; il a apporté chez des nations superstitieuses , les lumières , les arts, la civilisation, les sciences ; il a éclairé des contrées désertes et sauvages. Il a su vaincre; il n'a pas voulu asservir. S'il est entré en triomphateur , si son front était couronné des lauriers de la victoire, il portait dans ses mains l'olivier de la paix. Il a respecté les opinions politiques , les préjugés et la croyance religieuse des peuples. Il a employé avec art le dogme principal de l'islamisme. Tous ses travaux , toutes ses conquêtes ne tendaient qu'au bonheur des peuples.

Bonaparte apprend les malheurs de sa Patrie ; sa grande ame en est consternée; il quitte l'Egypte ; que voit-il en arrivant en France ? La guerre répandant ses fléaux ,

les armées dispersées et sans subsistances. Il
voit le fruit de ses conquêtes entièrement per-
du. Un Guerrier avait arraché les peuples
d'Italie au despotisme de la maison d'Autriche ;
les lois du vainqueur avaient assuré leur liberté,
des traités avaient garanti leur indépendance,
mais l'intrigue s'était emparée de la conquête,
et l'avidité avait recueilli les fruits de la victoire.

Bonaparte voit une lutte scandaleuse entre
le Directoire et le Corps législatif ; il voit un
Gouvernement sans force, sans justice et
sans mesure, des Législateurs inquiets,
ombrageux, toujours prêts à semer les mé-
fiances et les soupçons, comprimant tous
les cœurs par des lois bizarres. Les opinions religieuses sont méprisées ; l'a-
théisme est proclamé, tous les liens de
la morale sont rompus, tous les devoirs
de la nature violés. La France, comme un
malheureux qui expire en se débattant sous
le glaive qui l'égorge, s'agitait dans ses convul-
sions pour trouver un remède à ses maux ; elle
marchait rapidement d'erreurs en erreurs, de
calamités en calamités vers sa dissolution.

Quel sera le bras assez fort pour empêcher

la destruction de l'Empire? Qui sera assez habile ou assez heureux pour guérir les plaies de l'Etat, pour l'arracher aux souillures de l'anarchie, et pour rétablir le règne sacré des lois sur les ruines des factions. BONAPARTE sent qu'il est digne de remplir ces hautes destinées. Il s'entoure d'hommes respectables par leur patriotisme, et distingués par leurs talens. Il forme des sages de l'Etat un faisceau de force et de lumières; il veut sauver sa Patrie, et rappeler à ses antiques vertus un peuple qu'il a illustré par ses victoires. Il se sert de son épée pour opérer cette heureuse révolution qui doit fermer les sources des calamités publiques, donner à l'édifice politique des bases inébranlables et affermir votre gloire et votre bonheur. Bientôt une nouvelle constitution plus régulière, plus conforme à l'étendue, à la population de la France, au génie, aux mœurs de ses habitans et aux véritables principes du contrat social, s'élève sur les débris de l'ancienne: BONAPARTE est nommé premier Consul de la République. C'est au milieu de mille cris d'allégresse et de bénédictions que vous avez sanctionné cet acte de la justice et de la reconnaissance nationale, et que vous l'avez proclamé le sauveur de la Patrie.

L'Autriche viole le traité de Campo-Formio ; cent mille Autrichiens sont armés pour reprendre les hostilités. La Cour de Vienne envoie des armées pour soulever l'Helvétie et pour s'en emparer ; elle insulte l'ambassadeur français, fomente une coalition contre la France, appelle à son secours les Russes, veut engager la Prusse à quitter son systême de neutralité, demande des subsides à l'Angleterre, fait un traité avec la Porte, et arme l'Europe pour détruire le Gouvernement français. Tout annonce la perte de l'Italie ; mais BONAPARTE va la sauver. Il part, franchit le Mont Saint - Bernard, fait transporter une artillerie immense au milieu des neiges et des frimats, passe les Alpes, brave les dangers, surmonte les obstacles, pénètre dans le Piémont, s'empare de plusieurs villes, remporte une victoire éclatante dans les plaines de Montebello, et entre à Milan en triomphateur ; il annonce qu'il va rétablir la République cisalpine sur les bases fixes de la religion et du bon ordre. Cette sagesse, cette humanité, cette justice lui obtinrent une grande récompense. L'amour se réunit au respect, l'admiration aux hommages et les bénédictions à la reconnaissance. Les monumens publics se sont élevés pour consacrer et immortaliser la gloire de BONAPARTE. Tous les cœurs se sont ouverts pour graver ses vertus. L'Autriche réunit ses forces; elle ordonne à ses généraux une bataille générale : l'action s'engage; tout paraît annoncer la déroute de l'armée Républicaine. Dans cette confusion, le Premier Consul donne ses ordres avec le sang-froid qui caractérise le véritable Héros. Il commande en général et combat en soldat. Il voit les obstacles et les dangers; il n'en est point effrayé ; s'ils se multiplient, c'est pour augmenter sa gloire, et donner un nouveau prix à son courage. Partout il voit la mort, par-tout le glaive meurtrier est suspendu sur sa tête. BONAPARTE rassemble toutes les forces de son ame, et aussitôt son génie lui répond de la victoire. Il parcourt les rangs ; il lance ses regards perçans et rapides qui enchaînent les événemens et fixent les destinées. « Soldats, s'écrie - t - il, souvenez-vous que mon habitude est de coucher sur le champ de bataille. » Il inspire cette valeur et cette confiance qui enfantent les grands succès ; il est habile à saisir les instans heureux qui décident des victoires , et il enchaîne à son char cette fortune qui paraissait vouloir s'en détacher. Le signal de la victoire est donné : le terrible pas qui relève le courage et l'espoir se fait entendre ; tous les corps s'ébranlent , les phalanges françaises renversent les bataillons ennemis. L'artillerie vomit la mort, les Autrichiens sont vaincus et dispersés , les cris des vainqueurs portent par-tout l'épouvante et l'effroi. Cette bataille de Marengo fixa les destinées de l'Italie , sauva le Midi d'une invasion , et apprit à l'Europe que les armées françaises commandées par un chef digne d'elles, étaient invincibles.

Toutes les places de la Lombardie et du Piémont tombèrent au pouvoir des vainqueurs; la Cour de Vienne trembla ; l'Empereur d'Autriche chancela une seconde fois sur son trône. Il était prêt à perdre la moitié de ses Etats héréditaires. Il demanda une suspension d'armes. Le vainqueur, modeste au milieu de ses triomphes , accepta le signe de la réconciliation, et le traité de Lunéville vint consoler l'Europe des malheurs de la guerre. Bonaparte n'a jamais été aussi grand , aussi magnanime que lorsqu'il a entrelacé l'olivier de la paix parmi les lauriers qui ombragent son front.

Dans la dernière guerre, le Gouvernement britannique a dû ses succès éphémères à la perfidie, à la trahison , à son or corrupteur. Il a épuisé les trésors de l'Etat, il a accablé le peuple sous le poids des impôts pour alimenter l'anarchie révolutionnaire , pour stipendier et multiplier dans nos ports et dans nos villes des émissaires et des assassins. Ce n'est qu'en dévastant la France que ce Gouvernement atroce voulait la démembrer. Ce n'est point pour une dynastie proscrite qu'il avait pris les armes. Affaiblir , mutiler la France, la détruire par ses propres habitans , voilà son systême homicide. NAPOLÉON écouta la voix de l'humanité plaintive. « La guerre, » écrivit-il à Georges , doit-elle être éternelle , n'y a-t-il pas moyen de s'entendre? » Il exprimait ensuite son désir sincère de contribuer à une pacification générale. Quelle était touchante cette lettre ! On y voyait de la fierté sans orgueil , de la grandeur sans ostentation , de l'humanité sans faiblesse. Le génie du héros français sembla un moment subjuguer le Gouvernement anglais , et le renvoyer aux principes de la raison et de la justice. Un congrès fut établi à Amiens pour fixer les bases d'un

traité

traité de paix. Le prince Joseph montra dans cette négociation difficile et délicate de grands talens, des connaissances profondes et un caractère de grandeur et de loyauté qui lui obtinrent l'estime, le respect et l'amour.

Le traité de Lunéville avait donné à la France de vastes et fertiles provinces ; le traité d'Amiens lui rendit ainsi qu'à ses alliés leurs colonies conquises, et l'Angleterre promit de restituer Malte. Tandis que BONAPARTE profite des bienfaits de la paix pour reprendre une colonie envahie par des tyrans ; tandis qu'il s'occupe de guérir les plaies de l'état, et que toutes ses sollicitudes tendent au bonheur du peuple confié à ses soins, le Gouvernement anglais refuse d'exécuter le traité d'Amiens et de rendre Malte. La France prépare un armement pour reconquérir Saint - Domingue. Le cabinet britannique feint de croire que ces préparatifs sont destinés contre l'Angleterre ; et sans aucune provocation, il déclare la guerre, charge ses flottes d'instrumens de destruction et de mort, attaque nos bâtimens, nos colonies, bombarde nos ports. BONAPARTE vous dénonce les attentats de cet infame Gouvernement qui trahit la foi des traités et qui, pour satisfaire son ambition,

B

veut ensanglanter la terre et détruire la nation française. Il s'arme et se prépare à passer les mers pour forcer Georges à recevoir, que dis-je ? à proposer la paix. Ce n'est point Pyrrhus qui, ne pouvant défendre son pays, attaque celui de son ennemi ; ce n'est point Charles XII qui, n'ayant pas les moyens de résister aux forces des puissances réunies contre la Suède, fait une irruption en Norwège pour y porter le théâtre de la guerre. C'est le conquérant de l'Egypte et de l'Italie ; c'est le vainqueur des nations ; c'est un guerrier plein de valeur et de prudence, qui veut venger à la fois les peuples, défendre la cause de leurs gouvernemens, et briser le sceptre maritime, devenu dans les mains du cabinet de Saint-James, le scandale du monde.

Le ciel bénit les travaux de Bonaparte. L'Angleterre tremble ; un ministère coupable voit déjà sa chûte, et le Gouvernement anglais touche à sa dissolution. Une grande révolution se prépare, et l'univers va être affranchi de ce despotisme qui l'asservit et l'outrage. Le Gouvernement britannique cherche à éloigner ce moment qui doit amener un nouvel ordre de choses. Il sacrifie ses trésors, vomit sur les côtes de la république une bande de bri-

gands qu'il charge d'assassiner le Premier
Consul ; mais à peine ont-ils souillé notre territoire, qu'ils sont arrêtés et frappés par le
glaive de la loi. Cette tentative atroce du ministère anglais excite toute l'inquiétude des premières autorités ; le tribunat use de l'initiative
que la constitution lui donne ; il émet le vœu
que le gouvernement de la république soit
confié à un empereur ; ce vœu est répété par
toute la France, et le sénat proclame NAPOLÉON
empereur des Français. « Si nous élevons une
famille, a dit le digne président de ce corps
respectable, c'est pour laisser toutes les autres
sous le niveau de l'égalité. » La pourpre n'é-
blouit point le jeune monarque ; il mesure, sans
en être effrayé, l'étendue des devoirs que son
peuple lui impose. Il part pour Boulogne, et
se prépare à punir la perfide Albion ; mais déjà
le grand homme d'état, M. Pitt, étoit par-
venu à renouer une coalition contre la France.
Elle déploie ses étendards, cette coalition, et
savoure d'avance le plaisir de nous exterminer.
Fausse joie ! Le génie de NAPOLÉON veille sur
les destinées de la France. Le ciel l'a choisi
pour être le vengeur de la justice et des droits
des nations. Il s'élance des bords de l'Océan,
et se rend, avec la rapidité de l'éclair, dans les

plaines de la Germanie. Il paraît, et la Bavière, envahie par l'Autriche, est rendue à son souverain ; le héros français vole de victoire en victoire ; chaque pas qu'il fait est un triomphe ; il attaque les armées autrichiennes, les disperse ou les détruit. Les généraux ennemis posent les armes, et sont faits prisonniers avec leurs cohortes ; les vaincus reconnaissent et bénissent la magnanimité du vainqueur. Alexandre vole au secours de son allié. NAPOLÉON l'attaque, renverse ses bataillons et anéantit ses armées. La victoire d'Austerlitz ébranle le trône de François, et humilie le monarque du Nord. Alexandre reconnaît la supériorité du génie de l'empereur des Français, et rend un hommage public à sa valeur, à sa clémence, à la grandeur de son ame ; il quitte la Germanie confuse et humiliée ; il retourne dans ses Etats, et demande l'amitié et la paix à son vainqueur. NAPOLÉON s'empare des Etats vénitiens. C'est au milieu de ses conquêtes et de cette renommée qui publie ses grandes actions, qu'il offre à son ennemi vaincu le signe de la réconciliation. La paix est signée. François perd une partie de ses Etats ; les possessions de la France ne sont point augmentées, grâces à la modération de notre auguste empereur ; mais le royaume d'Italie est agrandi ; mais deux électorats sont érigés en royaumes, digne prix du zèle et de la loyauté des électeurs ; de vastes contrées sont ajoutées à leurs domaines. Ainsi la constitution germanique va recevoir un nouveau principe de mouvement, d'activité et de justice, et le tems n'est pas loin où l'Angleterre elle-même sera forcée de reconnaître la liberté des mers.

La victoire d'Austerlitz a placé NAPOLÉON au rang de premier capitaine du monde, et l'humanité le regardera comme son bienfaiteur. L'histoire ancienne et moderne ne présente aucun conquérant, aucun héros qui ait possédé, à un degré plus éminent, la supériorité du génie et des talens militaires. Les résultats de cette victoire sont incalculables. Elle arrête l'invasion de ces barbares du Nord qui, sortis des antres de l'Asie, voulaient inonder l'Europe pour l'assujettir et la replonger dans l'ignorance et la superstition ; elle affermit les principes d'ordre et de justice qui doivent désormais diriger les nations policées ; elle donnera à NAPOLÉON, qui en avait déjà la volonté, le droit et le pouvoir d'être le régulateur de l'Europe, le protecteur des peuples faibles, et le défenseur de la justice universelle. Par elle, il arrêtera l'ambition de grandes puissances ; il s'opposéra à ces guerres meurtrières qui dépeuplent les États et détruisent l'espèce humaine. Par la force de ses armes, par l'ascendant de son génie et par l'exemple de ses vertus, il ordonnera aux rois de la terre, de rester fidèles à leurs traités, et de gouverner toujours dans la vue de l'intérêt et du bonheur de leurs peuples ; il parviendra à établir ce système de pacification générale qui faisait l'objet des vœux et de la sollicitude du meilleur des rois. C'est alors que l'on reconnaîtra que le Ciel, dans ses décrets éternels, l'a choisi pour être l'ornement, l'honneur, l'admiration de son siècle, et qu'il lui a communiqué quelques rayons de sa gloire et de sa puissance pour instruire et consoler la terre ; son génie, comme un levier puissant, gouvernera l'Europe et changera le système politique des Gouvernemens pour les ramener aux idées libérales ; il jugera les opérations et les relations commerciales, pour les faire tourner à l'avantage et à la prospérité des États soumis à sa loi. N'oubliez jamais, peuple Français, que votre souverain a combattu pour faire reconnaître votre indépendance, et reconquérir cette prépondérance politique que la nation française avait acquise par les traités de Nimègue et de Westphalie,

et qu'elle avait perdue dans un tems de faiblesse et de corruption.

Examinons à présent ce que votre Empereur avait fait pendant la paix. Fidèle au systême représentatif, il a rétabli l'ordre dans
toutes les parties de l'administration ; brisé les
tables de proscription ; aboli la loi des ôtages,
rappelé dans leur patrie des citoyens exilés
par des lois révolutionnaires, fermé la liste
des émigrés ; supprimé la taxe mobiliaire et
l'emprunt forcé, formé une nouvelle division
du territoire français, et établi dans l'administration intérieure l'unité de pouvoir, pour
rendre au corps politique toute sa vigueur.
Napoléon a créé dans chaque département un
préfet, un conseil de préfecture et un conseil
général. Les préfectures substituées aux ad-
ministrations collectives ont donné à l'action
uniforme des lois, un principe régénérateur
qui a vivifié les parties de l'administration frappées de stérilité ; un code civil a rétabli les
droits des citoyens dans toute leur intégrité,
fondé l'ordre des successions sur les principes
de la nature et les maximes de la justice. La liberté publique a été associée avec cette liberté politique qui en règle l'exercice, et en restreint
l'usage. Une jurisprudence uniforme a fixé

l'exécution des conventions et des transactions, détruit les usages bizarres ; une réforme dans les tribunaux de conciliation et des juges de paix a rendu cette institution plus pure et plus utile. Le nombre des hommes de loi a été diminué ; on leur a donné des réglemens et une discipline particulière ; une hiérarchie d'ordre et de surveillance a été établie parmi les magistrats ; des tribunaux spéciaux ont été temporairement institués pour poursuivre et punir les grands crimes. Il fallait une justice sévère et dégagée de ces formes qui en arrêtent la marche et en suspendent l'exécution ; il fallait la réunion des pouvoirs militaires et civils pour arrêter des forfaits qui se multipliaient sur toutes les parties de l'Empire.

Le restaurateur de la nation s'est occupé constamment à réparer les désordres des finances. Les acquéreurs des biens nationaux sont maintenus dans leurs possessions ; ces propriétaires n'ont plus à redouter d'être dépouillés par des lois oppressives. Le sort des rentiers et la solde des armées et des fonctionnaires, sont assurés ; les impôts sont répartis dans une juste proportion ; leur recouvrement est plus simple. Les mesures vexatoires ont été abolies ; les réclamations des contri-

buables sont écoutées avec attention et reçues
avec équité. Pour soulager les propriétaires,
on a créé des impôts indirects, on a établi des
taxes et des cautionnemens. Votre souverain,
toujours occupé du bonheur de son peuple,
profitera des bienfaits de la paix pour amé-
liorer le système de finances. Tous ses vœux,
tous ses désirs, toute sa sollicitude tendent à
diminuer les impôts, à réduire, à déterminer
les dépenses, à assurer l'acquittement ou l'ex-
tinction des dettes consolidées, à rétablir le
crédit, à régulariser les paiemens, et à tout
régler sur les principes d'une sage et heureuse
économie.

Il n'a pas été encore au pouvoir de NAPO-
LÉON de réparer les pertes de notre marine. Il
en a recueilli quelques débris qu'il a fait servir
à de grands objets d'utilité publique, et à des
améliorations qui annoncent que le tems n'est
pas éloigné où notre pavillon reprendra son ancienne splendeur. Déjà des réglemens salutaires
ont assuré la régularité du service public; on a
établi un centre d'unité; des préfets maritimes ont été institués pour donner un principe d'ordre, de force et d'activité aux arme-
mens et aux expéditions, et pour surveiller
toutes les parties éparses de cette immense

administration ; le code de la guerre a été adouci. Plusieurs lois sur la course maritime protègent la neutralité de quelques puissances ; un conseil de prises a porté dans cette matière cet esprit de justice et d'impartialité qui doit avoir une si heureuse influence sur nos relations commerciales ; les auteurs d'énormes dilapidations ont été recherchés et atteints ; des contrats onéreux ont été résiliés, des récompenses ont été accordées à la valeur, et le sort des marins et de leurs familles a été assuré ; des écoles de marine ont été instituées pour former la jeunesse dans l'art de la navigation. NAPOLÉON, par la force de son génie, a créé une nouvelle marine qui brisera un jour le trident de Neptune usurpé par l'Angleterre.

Le commerce a également fixé l'attention de votre Empereur : il a protégé la Banque de France qui offre d'immenses ressources, puisqu'elle rappelle le numéraire dans la circulation, fait baisser l'intérêt de l'argent, augmente la valeur des biens territoriaux, puisqu'enfin elle donne à l'industrie plus de développement, d'énergie et d'universalité. De nouvelles foires ont été établies pour faciliter les opérations du commerce intérieur, et pour procurer des échanges et des ventes utiles au cultivateur, et indispensables aux différens propriétaires des campagnes. Pour donner un libre cours aux affaires commerciales, on a créé, dans différentes villes de l'Empire, des bourses et des agens de change, destinés à communiquer un nouveau principe d'activité et de circulation ; on a rendu aux principales villes de commerce leurs chambres respectives. La compagnie d'Afrique a été rétablie, et on en a formé une pour la pêche du corail dans ces vastes contrées. Les routes ont été réparées, et les communications rétablies entre les communes. La navigation intérieure va multiplier les richesses de l'Etat ; une nouvelle administration forestière a été créée pour arrêter les dévastations et les brigandages, et pour veiller à la conservation des forêts.

Napoléon a voulu connaître le tableau statistique de tous les départemens. Il s'est formé sur tous les points de l'Empire, des réunions d'hommes célèbres, et versés dans la connaissance des arts utiles. Ils sont chargés de présenter au Gouvernement l'état passé et l'état présent de l'agriculture et du commerce dans chaque département, de lui indiquer les pertes qu'ils ont éprouvées, avec leurs causes, et les

ressources existantes , avec les moyens de les
développer.

Il est beau et glorieux de faire servir l'autorité et le génie à créer et à perfectionner la
théorie de l'éducation publique. Napoléon s'est
occupé de cette partie importante de l'administration ; des lycées , des colléges, des écoles
ont été établis ; des professeurs instruits apprennent à la jeunesse les élémens des sciences
et enseignent les vrais principes de cette philosophie propre à former des hommes vertueux et des citoyens utiles. Des ateliers ont
été construits pour recevoir ceux qui se consacrent aux arts mécaniques. Des professeurs
habiles donnent des leçons du droit public, enseignent à des jeunes gens les premiers principes de la législation et de la jurisprudence ; les
écoles de médecine, de chirurgie et de pharmacie ont reçu des réglemens qui doivent détruire la race funeste des charlatans et des
empiriques. L'organisation de l'Ecole polytechnique a été réglée ; le sort des élèves est assuré
par le grade que leur procure la subsistance
militaire, et les dispenses d'âge sont réservées
aux défenseurs de la patrie. Le mode d'admission est rendu plus uniforme ; le choix des

aspirans est combiné avec les besoins des différens services. Un nouveau concours est ou-
vert pour l'artillerie de la marine ; les exa-
mens sont étendus à toutes les parties de l'instruction ; les relations de cette école première,
avec toutes les écoles d'application, sont dé-
terminées par de justes rapports, et reposent
sur des bases solides.

Napoléon veut encourager tous les arts,
étendre les progrès des connaissances humaines,
favoriser les productions de l'industrie française. Déjà les artistes ont exposé à l'admiration publique le fruit de leur génie et les mer-
veilles de leurs découvertes ; des Lycées et
des Académies, où le philosophe proclame les
vérités de la morale, où l'historien déploye
avec majesté les archives du genre humain, où
l'orateur développe les charmes de l'éloquence,
où le poëte enchante par l'harmonie de ses
vers, où le savant vient dérouler les richesses
de l'érudition, où l'artiste anime ses pinceaux,
qui s'élèvent de toutes parts, et deviennent
des écoles publiques d'instruction. Riche des
dépouilles de l'Univers et des travaux de ses
propres artistes, Paris offre à l'admiration générale les chef-d'œuvres des arts qui embellissent
l'Italie et la Grèce.

Les sciences, les lettres et les arts contribuent éminemment à l'instruction et à la gloire des Nations. NAPOLÉON veut les encourager ; il désire non-seulement que la France conserve la supériorité qu'elle a acquise, mais encore que le siècle qui commence, l'emporte sur ceux qui l'ont précédé. NAPOLÉON distribuera tous les dix ans de grands prix donnés de sa propre main, pour tous les ouvrages de sciences, de littérature et des arts, pour toutes les inventions utiles, pour tous les établissemens consacrés aux progrès de l'industrie nationale. Il sait que les arts et les sciences sont une branche essentielle de la prospérité nationale, qu'ils embellissent l'édifice social, et soutiennent la puissance du Gouvernement. Les récompenses nationales sont un hommage que la patrie offre aux talens, un culte public qu'elle rend à la vertu. Des médailles sont frappées en mémoire des événemens les plus mémorables ; des monumens publics sont élevés à la gloire des guerriers morts les armes à la main. NAPOLÉON récompense la bravoure des soldats qui ont versé leur sang pour la patrie. On se rappellera toujours que c'est dans les armées, que l'honneur français s'est réfugié pendant ce tems de confusion et de meurtres, dont nous avons été les témoins et les victimes ; tandis que la France présentait le tableau sanglant de la désolation et de la mort, les camps offraient le spectacle consolant de l'union, de la valeur et de toutes les vertus.

Le tombeau de Turenne, si long-tems placé près des tombeaux des rois qui s'honoraient de ce voisinage, est transporté dans le temple de la Victoire, sous les drapeaux conquis par les héritiers de sa gloire. La tombe qui renfermait les cendres de l'immortel d'Aguesseau, a été rétablie. On a rendu aux dépouilles des morts le culte funèbre, et les honneurs attendrissans qu'une indifférence impie leur avait trop long-tems refusés ; on a réuni aux honneurs funèbres un culte religieux. Ce culte est préférable à toutes les institutions politiques, quand on veut environner les tombeaux de leçons majestueuses et de souvenirs consolans.

Le génie de NAPOLÉON embrasse tout. Il parcourt les différens départemens de l'Empire ; il visite les ateliers, les établissemens publics ; il paie une dette sacrée à l'humanité : un droit d'octroi est établi dans différentes villes, pour augmenter les revenus des hospices civils ; leurs rentes ne seront plus aliénées, à moins que l'utilité de l'aliénation ne soit constatée. Une somme de quatre millions est employée pour secourir les malades et les vieillards ; ils trouvent tous une ressource à leur misère, et une consolation à leurs maux. On crée sur le Simplon et le Mont-Cenis, des hospices semblables à ceux qui existent sur le Grand-Saint-Bernard ; de nouveaux asiles sont élevé pour recevoir les militaires mutilés aux champs de l'honneur. L'indigence et l'immoralité ayant multiplié le nombre des enfans trouvés, NAPOLÉON a fixé sa sollicitude sur ces innocentes victimes ; non-seulement on donne des soins paternels à leurs premières années, mais on envisage le moment où, sortant des hospices pour se répandre dans la société, ces infortunés doivent porter en eux des moyens pour assurer leur existence, et servir la patrie ; une prévoyante administration leur présente ces moyens, en faisant joindre de bonne heure l'habitude d'un travail journalier à l'exercice d'une profession utile. La société de la charité maternelle, dont l'existence était un bienfait si précieux pour l'humanité, a été rétablie ; on distribue des secours abondans aux mères infortunées, que la misère forcerait peut-être à livrer leurs enfans à la compassion publique; ces innocentes créatures reçoivent le lait qui conserve la vie.

Le flambeau de la guerre n'était pas encore éteint dans la Vendée ; ses villes, ses villages, ses hameaux, étaient livrés aux horreurs des dissentions civiles, aux poignards des assassins, aux torches des incendiaires ; la douceur et la persuasion ont fait ce que des armées nombreuses, et une grande effusion de sang, n'avaient pu faire ; la clémence de Napoléon subjugue les rebelles : sa sagesse enchaîne leurs fureurs ; ses exhortations ramènent à l'obéissance des lois et à l'amour de l'ordre, des hommes trompés par de perfides suggestions, égarés par d'anciennes habitudes et d'anciens préjugés, et poussés à la sédition par le fanatisme.

La concorde a réuni tous les cœurs ; un temple est élevé à l'union. Des villes et des campagnes qui ne présentaient n'aguère que des tombeaux et des ruines, reprennent tout-à-coup leur ancienne splendeur, leur ancienne fertilité ; le cultivateur retourne à sa charrue ; l'artisan donne un libre essor à son industrie ; l'habitant des villes continue ses relations ; tous les citoyens se réunissent pour réparer leurs pertes, et pour donner un nouveau principe d'activité à l'agriculture, à l'industrie et au commerce.

Dans un Gouvernement monarchique, il faut des honneurs et des distinctions destinées à récompenser les talens et les vertus; il faut des ordres et des rangs qui se communiquent et donnent de la considération. Ces ordres et ces rangs sont le prix des services rendus à la Patrie. Napoléon a institué une Légion d'honneur, qu'on ne doit point confondre avec cette noblesse héréditaire créée dans un tems de féodalité et de servitude; il a établi ces signes extérieurs qui fixent l'attention, réveillent les idées, entretiennent l'émulation, commandent le respect, frappent l'imagination et subjuguent les sens. Il faut montrer au peuple l'appareil de la grandeur et de la magnificence, et faire revivre ces antiques institutions qui firent partie de la législation des Anciens, et qu'ils placèrent au rang des articles fondamentaux des codes constitutionnels.

Napoléon a rétabli l'ancienne Religion de l'Etat, relevé les temples abattus, et réparé, de ses mains triomphantes, les ruines du sanctuaire. Il a fait revivre l'ancienne discipline de l'Eglise, et ramené la religion à sa pureté primitive. Protecteur de tous les cultes, il sait que les institutions religieuses, quelle que soit la différence des dogmes, sont les fondemens les plus sûrs de la morale.

NAPOLÉON, pour exécuter les hautes destinées qui lui sont confiées, pour délivrer l'univers de ce despotisme maritime qui pèse sur les peuples, s'armera de toute la force de la Nation. Vous lui offrirez vos personnes, vos biens; vous ferez de nobles efforts et des sacrifices généreux pour seconder ses vues paternelles. Aidé par vous, par son génie transcendant, il vaincra l'Angleterre, comme il a vaincu la coalition du continent. Guerre à mort au gouvernement anglais ! C'est lui qui a soulevé les nègres de Saint - Domingue et couvert cette contrée de cendres et de ruines; c'est lui qui a reconnu l'usurpation et sanctionné les crimes d'un monstre vomi par les enfers pour répandre sur cette terre infortunée l'incendie, la proscription et la mort ; c'est lui qui a prodigué l'or pour ensanglanter les rives du Rhin ; c'est lui qui a fomenté la guerre horriblement fameuse de la Vendée, où des frères égorgeaient leurs frères, où des pères étaient égorgés par leurs fils ; c'est par ses ordres et en présence de ses agens que se sont commis tous les massacres dont les contrées de l'Ouest ont été l'affreux théâtre; c'est lui qui payait le prix

de chaque tête tombée sous le fer des assassins; c'est lui qui a réuni à Quiberon les anciens marins français, pour les laisser sans
secours à la merci du vainqueur ; c'est lui qui
a produit en France l'anarchie et les fureurs
révolutionnaires , fourni des armes aux rebelles, contrefait notre papier-monnaie, cor-
rompu nos généraux ; c'est lui qui stipendia les
infâmes auteurs de la machine infernale des-
tinée à ensevelir, sous des ruines de feu, votre
Libérateur et votre Souverain : jour d'horreur
et de crime!!... la consternation est générale ; le
peuple, toujours vrai dans sa douleur , répand
des larmes , les soldats renversent leurs drapeaux , et le deuil étend son crêpe sur toute la
France ! Mais le ciel conserve le grand empereur ; rien ne peut changer les décrets de l'Etre
suprême qui l'a choisi pour être l'exécuteur
de ses desseins , et le représentant de sa puissance. Environné des ombres de la mort ,
NAPOLÉON n'en est que plus calme : il se repose
sur sa fortune , il se repose sur la Providence·
Peuple français ! bénissez-la , cette Provi-
dence , de vous avoir donné un Souverain, grand
par sa valeur , grand par ses victoires, plus
grand encore par ses vertus. C'est en remplis-
sant avec fidélité les devoirs qui vous sont im-

posés, que vous étalerez aux yeux de l'Europe en admiration l'éclat de votre gloire, de votre puissance , de votre grandeur , et le tableau de votre félicité , après l'avoir étonnée par votre courage, votre héroïsme et votre valeur.

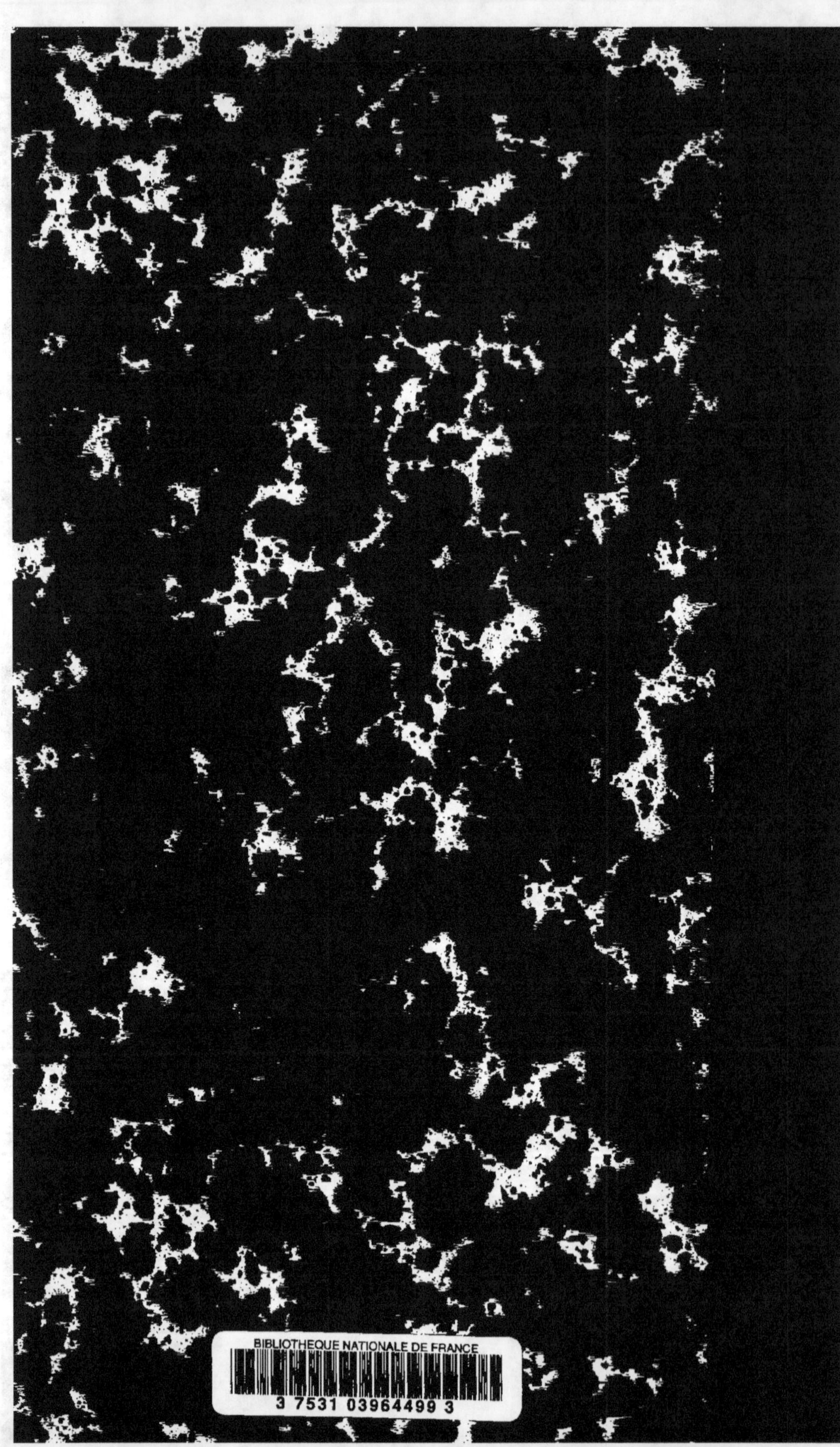